AF460591

Chant I.

P. 3.

LE TEMPLE
DE
GNIDE.

POËME,
IMITÉ DE MONTESQUIEU.

Par M. Léonard.

NOUVELLE ÉDITION,

Ornée de figures en taille-douce, & augmentée de l'Amour vengé.

A PARIS,

Chez MERIGOT le jeune, Libraire, Quai des Augustins, au coin de la rue Pavée.

M. DCC. LXXVI.

Avec Approbation.

A MONSIEUR

MONSIEUR LE MARQUIS DE CHAUVELIN,

GRAND CROIX DE L'ORDRE ROYAL ET MILITAIRE DE SAINT-LOUIS, NOBLE GÉNOIS, MAITRE DE LA GARDE-ROBE DU ROI, LIEUTENANT-GÉNÉRAL DE SES ARMÉES, ET GOUVERNEUR DES VILLE ET CHATEAU D'HUNINGUE.

MES Vers ont eu votre ſuffrage :
Quel préſage heureux pour l'Auteur !
En vous conſacrant leur hommage ,

Je goûte le plaisir flatteur
De n'offrir aux vertus d'un Sage
Qu'un tribut dicté par mon cœur.

LÉONARD.

PRÉFACE.

LE Temple de Gnide a toujours paſſé pour un modele de délicateſſe & de goût. C'eſt une galerie de tableaux où tout eſt varié, placé, contraſté avec art. Il ſeroit peut-être à ſouhaiter que Monteſquieu eût banni de ſon Ouvrage ce ſtyle précieux qui dépare quelquefois l'élégante ſimplicité de ſa Proſe : mais par combien de beautés il a ſçu racheter ces fautes légeres ! quelle vérité de ſentiment ! quelle abondance d'images ! avec quelle adreſſe il met en oppoſition l'amour ingénu des Bergers, & les mœurs voluptueuſes des Villes ! Eſt-il rien de plus touchant que l'Episode d'Aristée, de plus ingénieux que le portrait des Sibarites, visiblement calqué sur le nôtre? L'Auteur est sublime, quand il peint les fureurs de la jalousie & les orages d'un cœur agité par les soupçons; gai, quand il nous transporte dans le Temple de Bacchus ; tendre & naïf, quand il décrit la Scène du Bocage & les Combats de la Pudeur expirante. Il étoit difficile de rassembler plus d'objets dans un court espace : vous y trouvez les fables les plus charmantes de la Mythologie, & le tableau d'une foule de Peuples qui sont peints souvent d'un seul trait : enfin, pour me servir des expressions d'un des beaux génies du siecle, ce qu'on doit remarquer dans le Temple de Gnide, c'est qu'Anacréon même y est toujours observateur & philosophe.

TEL est l'Ouvrage que j'ai osé mettre en vers :

on ſent combien j'avois à lutter contre la préciſion & les grâces de mon modèle. J'ai ſupprimé des détails qui m'ont paru ralentir la marche du Poëme : je l'ai renfermé dans quatre Chants, & je leur ai donné plus d'étendue : j'ai hazardé quelquefois mes idées, & je me ſuis affranchi d'une imitation ſervile : pour éviter la froideur & la monotonie des vers, dans un ſujet de pure galanterie, j'en ai varié la meſure; méthode propoſée par l'Auteur de la Poëtique Françaiſe, & dont M. de Voltaire a donné l'exemple dans le Conte *des trois Manieres*. Malgré ces précautions & le deſir que j'ai de plaire au Public, il peut arriver que j'échoue : quel rival que Monteſquieu ! Comment le ſuivre dans ſa courſe ? Il falloit la plume habile qui a décrit avec tant d'éloquence les douleurs d'Héloïſe : il falloit lui laiſſer traiter le Temple de Gnide, &

me borner à l'admirer : mais inſtruit trop tard d'une concurrence qui n'eſt à craindre que pour moi, je publie mon Ouvrage, & je fais à M. Colardeau ce ſacrifice de mon amour-propre, avec autant de plaiſir que j'apprendrai ſes ſuccès.

LE TEMPLE DE GNIDE.

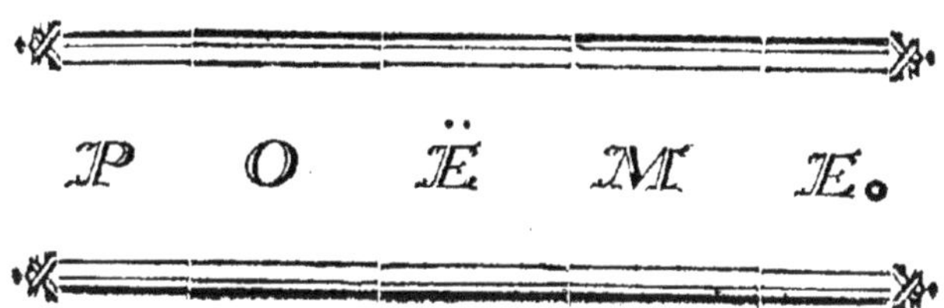

POËME.

Vous le voyez bouillant de Volupté, ...

LE TEMPLE DE GNIDE.

CHANT PREMIER.

GNIDE à Vénus fait quitter Idalie.
Jamais ſon char ne s'éloigne des Cieux,
Sans s'abaiſſer ſur cette Iſle chérie :
Là, confondue avec ſon peuple heureux,
Elle ſe borne à l'honneur d'être belle,
Et ſe fait voir, ſans répandre autour d'elle
L'effroi qu'on ſent à l'approche des Dieux.
Lorſque l'amour la couvre de ſon aile,

On reconnaît la brillante Immortelle
Aux ſeuls parfums qu'exhalent ſes cheveux.

Pour enrichir cette aimable contrée,
Le Ciel prodigue y verſa ſes préſens:
Une chaleur égale & tempérée
La fait jouir d'un éternel Printems.
Vous entendez murmurer les fontaines,
Les bois former d'harmonieux accens,
Les chalumeaux retentir dans les plaines.
Sous des berceaux de myrthes toujours verds,
Le Roſſignol s'unit dans ſes concerts
A des Amans qui célébrent leurs peines,
A des Zéphirs dont les douces haleines
Semblent régner, pour embaumer les airs.

Dans le Palais qu'habite la Déeſſe,
L'or & l'azur brillent de tous côtés:
Mille rubis.... mais j'en peins la richeſſe;
C'eſt à l'amour d'en peindre les beautés.

Du Dieu malin les jardins ſont l'ouvrage:
Il a tracé les routes des boſquets,
Pour égarer le couple qu'il engage,

Toujours guidé vers des lieux plus ſecrets,
Toujours couvert d'un plus épais ombrage.

Là des ruiſſeaux dirigés par l'Amour
Coulent tantôt dans une paix profonde,
Réfléchiſſant l'image d'un beau jour;
Tantôt lancés en gerbe vagabonde,
Ils vont mouiller les berceaux d'alentour.
L'œil qui les ſuit dans leur courſe féconde,
Les voit orner de rians belveders,
Et fuir en nappe au vaſte ſein des mers,
Pour y porter le cryſtal de leur onde.

DANS les vergers, la fleur ſuccède au fruit;
Le fruit renaît ſous la main qui le cueille;
L'arbre, en tout tems, y conſerve ſa feuille:
L'eſſain des jeux, que Vénus y conduit,
Fatigue en vain la naiſſante verdure;
Par un pouvoir rival de la nature,
Son frais émail eſt ſoudain reproduit.

ON voit de loin une riche campagne;
L'œillet, la roſe y mêlent leurs couleurs:
Le jeune Amant vient avec ſa compagne

Pour les cueillir; mais la moindre des fleurs
Qu'elle a trouvée eſt toujours la plus belle:
Il croit que Flore exprès la fit pour elle.

Un fleuve pur, dans ſes nombreux détours,
Aime à baigner cette terre fertile:
Quand ſur ſes bords, vole une Nymphe agile,
Fixé près d'elle, il interrompt ſon cours;
Le flot qui ſuit trouve un flot immobile.
Se baigne-t-elle? Épris de ſa beauté,
Il l'environne; il lui forme une chaîne:
Vous le voyez, bouillant de volupté,
Qui ſe ſouleve, & l'embraſſe & l'entraîne:
La Nymphe tremble, & pour la raſſûrer,
Il la ſoutient ſur ſa liquide plaine,
Avec orgueil lentement la promene;
Et vous diriez, prêt de s'en ſéparer,
Qu'en ſons plaintifs, il exhale ſa peine.

Là ſont des bois que l'aſtre lumineux
Laiſſe à jamais enſévelis dans l'ombre:
De vieux ſapins, des chênes ſourcilleux
Semblent du pied toucher l'Empire ſombre,

Et de leur front ſe perdre dans les Cieux.
D'un ſaint effroi l'âme y reſſent l'atteinte ;
Des Immortels on croit voir le ſéjour :
Ils ont ſans doute habité cette enceinte,
Quand l'Homme encor n'avoit point vu le jour.

Hors de ces bois, & ſur une colline,
S'éleve un Temple à Vénus conſacré :
Il fut créé par une main divine ;
L'art l'enrichit, les Grâces l'ont paré.

Bel Adonis, Vénus dans ce lieu même,
A ton aſpect, brûla d'un nouveau feu :
Peuples, dit-elle, adorez ce que j'aime :
Dans mon Empire il n'eſt plus d'autre Dieu.

Vénus encor, lorſque deux Immortelles
De la beauté lui diſputoient le prix,
Y conſulta, pour mieux triompher d'elles,
Et les Amours, & les Jeux, & les Ris.
On crut la voir ſortir de l'onde pure,
Quand déployant ſa brillante ceinture,
Elle s'offrit aux regards de Paris.
Paris la voit . . . ., déja ſon cœur la nomme,

Un ſeul coup-d'œil a décidé ſon choix :
Il veut parler, rougit, reſte ſans voix....
Et de ſes mains laiſſe échapper la pomme.

JEUNE Pſiché, l'Amour ſous ces lambris,
Par tes regards fut lui-même ſurpris.
Ah! diſoit-il, eſt-ce ainſi que je bleſſe ?...
« Mes traits, mon arc, tout pèſe à ma foibleſſe ; »
Et, dans l'ardeur de ſes premiers ſoupirs,
Il s'écrioit au ſein de ſa Maitreſſe,
L'Amour, ſans doute, eſt le Dieu des plaiſirs.

CE lieu charmant excite dès l'entrée
Un doux tranſport qui remplit tous les ſens :
On eſt ſaiſi de ces raviſſemens
Que les Dieux ſeuls goûtent dans l'empirée.

DE toutes parts les plus ſçavans pinceaux
L'ont décoré de tableaux qui reſpirent ;
L'Artiſte a peint Vénus quittant les flots,
L'étonnement des Dieux quand ils la virent.
On y voit Mars, ſes amours, ſes combats :
Dans ſon œil noir un feu guerrier s'allume ;
Un tourbillon ſe roule ſur ſes pas,

Et

Derais inv. Demonchy sc.

On y voit Mars, ses Amours, ses Combats ....,

Et ſes courſiers, ſanglans, couverts d'écume,
Semblent porter l'horreur & le trépas.

Plus loin, couché ſur un lit de verdure,
A la Déeſſe il ſourit mollement :
Vénus l'embraſſe, & l'Amour triomphant
Couvre de fleurs ſa redoutable armure.

On voit auſſi les nôces de Vulcain :
L'Olympe aſſiſte à ce bizarre hymen.
Du Dieu penſif vous remarquez la gêne :
Vénus par grace abandonne une main
Qui ſemble fuir de la main qui l'entraîne :
Sur cet Époux ſon regard porte à peine,
Et vers l'Amour ſe détourne ſoudain.

Junon les joint d'une chaîne éternelle.
On voit Vénus qui, la coupe à la main,
Jure à Vulcain de lui reſter fidèle ;
Mais Mars, tout bas, rit d'un ſerment ſi vain.

Pour enlever ſon Épouſe divine,
Il fait long-tems de pénibles efforts :

A leurs débats on croit voir Proſerpine
Que va ravir le ſombre Dieu des morts.

Mais il triomphe, & Vénus eſt vaincue.
Les Dieux en foule accourent ſur leurs pas :
L'Épouſe en pleurs s'agite dans ſes bras ;
Sa robe tombe... elle eſt à demi-nue :
De ſa pudeur il ſauve l'embarras,
Plus attentif à couvrir tant d'appas,
Qu'impatient de jouir de leur vue.

Sa flamme eſt libre, & n'a plus de témoin,
D'un bras nerveux que le deſir anime,
Au lit d'Hymen il traîne ſa victime ;
Dans ſes rideaux il l'enferme avec ſoin.....
Enfin il touche au fatal ſacrifice :
L'Amour chagrin les obſerve de loin,
Mais ce moment pour Mars eſt un ſupplice.

Ce Temple orné par la main des plaiſirs,
Plus que tout autre, eſt chèr à l'Immortelle :
Là, pour tribut, on offre des ſoupirs,
Pour ſacrifice, un cœur tendre & fidèle :

Mais il triomphe, et Venus est Vaincue.

Là deux Amans remplis de leur ardeur,
Vont embrasser l'Autel de la Constance :
Ceux qu'une ingrate accable de rigueur
Y vont chercher la flatteuse espérance.
Loin les Mortels qui n'ont jamais aimé !
Le Sanctuaire à leurs vœux est fermé.
Ces malheureux conjurent la Déesse
D'ouvrir pour eux les sources du bonheur,
De leur donner ses langueurs, son ivresse,
Et le pouvoir de captiver un cœur.

DANS ces beaux lieux, l'Amour fixe lui-même
L'instant propice au succès de nos feux ;
Il est si doux de céder quand on aime !
Mais sans aimer .... est-ce faire un heureux ?

TOUT rend hommage aux charmes d'une belle :
Comme Vénus, elle est fille des Cieux ;
Et dans ce Temple, on l'adore comme elle.

QUAND l'art d'aimer est donné par l'Amour ;
Vénus y joint l'art séduisant de plaire :

A ſon Autel les Filles chaque jour
Vont adreſſer leur naïve prière.

L'UNE diſait avec un doux ſouris :
« Reine des cœurs, renferme dans mon âme,
» Pour quelque tems, le ſecrèt de ma flamme,
» Afin qu'Atis en ſente mieux le prix ».

L'AUTRE diſait : « Divinité ſuprême,
» Tu ſçais qu'Hilas ne m'intéreſſe plus :
» Ne me rens point les feux que j'ai perdus ;
» Fais ſeulement, fais que Mirtile m'aime » !

A Gnide alors il étoit deux Enfans
Simples, naïfs, d'une candeur ſi pure,
Qu'ils paroiſſoient, après quinze Printems,
Sortir encor des mains de la nature.
Se regarder, ſe ſerrer dans leurs bras,
Satisfaiſoit leur paiſible innocence ;
Heureux par elle, ils ne ſoupçonnoient pas
Qu'il fût au monde une autre jouiſſance :
Mais une abeille aux lévres du Berger,
Fit une plaie ; & pour le ſoulager,

Roſe preſſa de ſa bouche vermeille
L'endroit bleſſé par le dard de l'abeille.
Qu'arrive-t-il ? Un tourment plus fâcheux,
Depuis ce jour, les a ſurpris tous deux.
Daphnis s'émeut dès que Roſe le touche :
Il ne fait plus que ſonger au baiſer :
Toute la nuit, ſoupirant ſur ſa couche,
Il ſe déſole, & ne peut repoſer.
Daphnis enfin conſulta la Déeſſe,
Pour obtenir un remede à ſes feux :
Vénus lui dit le moyen d'être heureux ;
Et le Berger l'apprit à ſa Maitreſſe.

DIRAI-JE, amis, tout ce qui m'a charmé ?
J'étois à Gnide au printems de mon âge ;
J'y vis Thémire ; auſſi-tôt je l'aimai :
Je la revis, & l'aimai davantage.
Je ſuis à Gnide, & j'y paſſe mes jours,
Le luth en main, ſoupirant nos Amours.

THÉMIRE & moi, guidés du même zèle,
Nous entrerons dans le Temple, & jamais
On n'y verra de couple auſſi fidèle ;

Et nous irons viſiter le Palais ;
Et je croirai que Thémire eſt chez elle ;
Et je veux joindre aux roſes de ſon ſein
Quelques bouquets cueillis au champ voiſin ;
Et ſi je puis l'égarer au bocage,
Où cent détours trompent l'œil incertain . . . . .
Mais, paix ! . . . . l'Amour, maître de mon deſtin,
Me puniroit d'en dire davantage.

Fin du premier Chant.

LE TEMPLE DE GNIDE.

CHANT SECOND.

IL eſt à Gnide un antre où Vénus elle-même,
Sans trépié, ſans pontife, & ſans frapper les yeux
Par l'éclat impoſant de ſa grandeur ſuprême,
Éclaire des Amans les ſoupçons & les vœux.

UNE jeune Coquette aborda l'Immortelle,
Des flots d'Adorateurs s'empreſſoient autour d'elle.
A l'oreille de l'un elle parloit tout bas;
Elle accordoit à l'autre un ſouris plein de charmes;

Sur un troiſieme encor elle appuyoit ſon bras.
O Ciel ! qu'aux tendres cœurs elle cauſa d'alarmes !
Combien elle étoit belle & parée avec art !
Sa voix étoit trompeuſe, ainſi que ſon regard.
D'une Divinité la démarche eſt moins fière ;
Elle parla du ton dont on donne des loix :
Mais l'Oracle ſoudain fit entendre ſa voix.
« Perfide, lui dit-il, ſors de mon Sanctuaire :
» Oſes-tu bien porter ton manége impoſteur
» Dans des lieux où l'Amour règne avec la candeur ?
» Je veux qu'à ta beauté ce même orgueil ſurvive :
» Je te laiſſe ton cœur & détruis tes appas :
» Les Hommes te fuiront comme une ombre plaintive,
» Et le mépris vengeur attaché ſur tes pas,
» Pourſuivra chez les morts ton âme fugitive ».

FLÉAU de ſes Amans, riche de leurs débris,
Dans cet antre à ſon tour, vint une Courtiſane :
Quel faſte étoit le ſien ! de ſa flamme profane,
Avec un front ſuperbe, elle étaloit le prix.
Crois-tu, dit la Déeſſe, honorer ma puiſſance ?
Ton cœur reſſemble au fer, & dans ſon inconſtance,
Mon Fils même, oui mon Fils, ne ſçauroit t'enchaîner :

Ta

P. 17.

Chant II.

Désrais inv. del. De Monchy sc.

Je vins aussi, tenant la main de ma Themire.

Ta beauté, dont tu vends la froide jouiſſance,
Promet bien le plaiſir, mais ne peut le donner....
Va! porte loin de moi ton culte qui m'offenſe.

Au travers de la foule, il vint un riche épais
Qui levoit des tributs pour le Roi de Lydie:
Il étoit chargé d'or, eſpérant qu'à grands frais,
Il pourroit s'enflammer une fois en ſa vie.
« J'ai bien, lui dit Vénus, la vertu de charmer;
» Mais je ne puis répondre à ce que tu ſouhaites:
» Tu prétens acheter la beauté pour l'aimer;
» Mais tu ne l'aimes point, parce que tu l'achetes ».

Je vis paroître Ariſte: on liſoit dans ſes yeux
Les tranſports que Camille excitoit dans ſon âme:
Il adoroit Camille, & venoit en ces lieux,
Pour conjurer Vénus d'ajoûter à ſa flamme.
« Camille, dit l'Oracle, eſt digne de ton choix:
» Aime-la; qu'à tes vœux ton ivreſſe réponde!
» J'aurois pu la donner au plus grand Roi du monde;
» Mais, mon Fils, en amour, les Bergers ſont des Rois ».

Je vins auſſi, tenant la main de ma Thémire.
La Déeſſe nous dit: « Jamais dans mon Empire,

» Je n'ai vu deux Mortels plus ſoumis à ma loi :
» Mais que pourrois-je faire ? en vain je voudrois rendre
» Thémire plus charmante, & ſon Amant plus tendre ».
« Ah ! lui dis-je, j'attends mille grâces de toi !
» Fais que dans chaque objet mon image tracée,
» De Thémire ſans ceſſe amuſe la penſée ;
» Qu'elle dorme & s'éveille, en ne ſongeant qu'à moi ;
» Qu'abſent elle m'eſpère, & préſent, craigne encore
» Le douloureux moment qui doit nous ſéparer :
» Fais que Thémire enfin, du ſoir juſqu'à l'aurore,
» S'occupe de me voir, ou de me deſirer » !

GNIDE alors célébroit des fêtes ſolemnelles
Dont le ſpectacle attire un eſſain de Beautés :
Jaloux de triompher, il vient de tous côtés,
Pour diſputer le prix qu'Amour donne aux plus belles.

JE me crus entouré d'un cercle d'Immortelles :
L'une avoit de Vénus le ſourire enchanteur ;
L'autre le teint d'Hébé : de ſes vives prunelles,
La Brune au fond des cœurs lançoit des étincelles ;
La Blonde ſe voiloit d'une douce langueur.
Là brilloit l'air naïf, ou la gaieté folâtre ;

Ici, c'étoit un pied façonné par l'Amour;
Plus loin, l'œil s'arrêtoit ſur deux globes d'albâtre
Dont un léger corſet deſſinoit le contour.

ORIANE parut, telle qu'une Déeſſe:
Candaule, ivre d'amour, la dévoroit des yeux;
Sur ſes jeunes attraits, ſa vue erroit ſans ceſſe.
« Mon bonheur, diſoit-il, n'eſt connu que des Dieux;
» Il ſeroit bien plus doux s'il donnoit de l'envie!..
» Belle Reine, quittez cette toile ennemie;
» Préſentez-vous ſans voile aux regards des Mortels;
» C'eſt peu du prix qu'on offre; il vous faut des Autels ».

LES Femmes de Lesbos ſe diſoient l'une à l'autre;
« Mon cœur eſt tout ému depuis que je vous voi:
» Vénus, ſi votre aſpect l'enchante autant que moi,
» Parmi tant de beautés doit couronner la vôtre ».

LES Filles de Corinthe, à leur treizieme Été,
Promettoient d'être un jour l'Amour de la nature:
Quel éclat dans leur teint! quel air de volupté!
Des écharpes d'azur flottoient à leur côté,
Et les préſens de Flore ornoient leur chevelure.

Celles que l'Eurotas vit naître ſur ſes bords,
Le genou découvert, la gorge demi-nue;
De l'auſtere pudeur ſe jouoient ſans remors,
Et d'un Peuple étonné ſembloient chercher la vue.

Milet! tu nous offrois les plus rares tréſors;
De la perfection ils étoient le modèle:
Mais le Ciel, ne cherchant qu'à former de beaux corps,
Oublia d'y placer la grâce encor plus belle.

Gnide, pendant ces Jeux, paroiſſoit l'Univers;
Jamais on n'avoit vu d'auſſi brillante fête:
On eût dit que l'Amour, pour un jour de conquête,
Aſſembloit des Beautés de cent climats divers;
Des lieux où le Soleil commence ſa carriere,
Juſqu'aux lieux où dans l'onde il éteint ſa lumiere.
Les unes près du Tibre avoient reçu le jour.
On lit dans leurs regards le beſoin de ſe rendre;
Molle, voluptueuſe, & plus foible que tendre,
Leur âme eſt au plaiſir, rarement à l'amour.

Les autres de la Seine habitent le rivage;
On voyoit ſur leurs pas la plus nombreuſe Cour:

Sexe aimable ! Il eſt Roi dans ſon heureux ſéjour !
Vénus qui les forma ſourit à ſon ouvrage.

Il en vint de Cadix : l'or & les diamans,
Sans augmenter leur prix, chargeoient leurs vêtemens :
Celles dont la fraîcheur le diſpute à la roſe,
Vinrent auſſi des lieux que la Tamiſe arroſe.

Mais les Filles de Gnide attachoient tous les yeux :
Quel doux frémiſſement s'élevoit ſur leurs traces !
Au lieu de pourpre & d'or, elles avoient des grâces ;
Sans ornement, ſans art, elles en brilloient mieux.
Leurs guirlandes couvroient une gorge naiſſante,
Qui pour fuir ſa priſon, s'agitoit vainement ;
Et leur robe de lin n'avoit d'autre agrément
Que celui de marquer une taille charmante.

On ne vit point Camille à ces fameux débats :
« Que m'importe le prix, chèr Amant ? diſoit-elle,
» C'eſt pour toi, pour toi ſeul que je veux être belle :
» Le reſte eſt pour mon cœur comme s'il n'étoit pas ».

Comme parmi les fleurs qui ſe cachent dans l'herbe,
La roſe avec éclat élève un front ſuperbe ;

On vit parmi ſes Sœurs, mon Amante régner :
A peine elle eut le tems de paroître à leur vue....
Elle arrive, ſe montre, & leur foule eſt vaincue !
« Grâces, dit la Déeſſe, allez la couronner.
» De mille objets charmans que ce Palais raſſemble,
» Voilà dans ſa beauté le ſeul qui vous reſſemble ».

TANDIS qu'elle goûtoit ces hommages flatteurs,
J'entrai ſeul & penſif dans la forêt prochaine :
J'y vis le tendre Ariſte, & la plus forte chaîne
Dès ce premier moment, ſembla ſerrer nos cœurs.

JE lui fis de ma vie une hiſtoire fidèle.
La Ville où je ſuis né, lui dis-je, eſt Sibaris :
Le goût des voluptés eſt un beſoin pour elle ;
A qui peut en créer, elle donne des prix.

LA route des plaiſirs eſt celle de la gloire :
Vous voyez les Bouffons couronnés par l'État ;
Mais le brave Guerrier qu'a ſuivi la victoire,
Le Miniſtre éclairé, le ſage Magiſtrat,
Dès qu'il les a perdus, ſont morts dans ſa mémoire.

LES Hommes ſont ſi doux, parés avec tant d'art ;

C. L. Desrais inv. De Monchy sculp.

Graces dit la Deeſſe allez la Couronner

Occupés ſi long-tems à compoſer leurs grâces,
A corriger un geſte, un ſourire, un regard,
A chanter, minauder, s'admirer à leurs glaces,
Qu'ils ne paroiſſoient point former un ſexe à part.

Une Femme ſe livre avant même qu'elle aime.....
Que dis-je? connoît-elle un mutuel Amour?
Sa gloire eſt d'enchaîner; jouir eſt ſon ſyſtême:
Chaque jour voit finir les vœux de chaque jour.
Mais ces riens où le cœur trouve tant d'importance,
Mais ces ſoins délicats, mais ces égards chéris,
Tous ces petits objets qui ſont d'un ſi grand prix,
Tant de momens heureux avant la jouiſſance;
Ces ſources de bonheur manquent à Sibaris.

Le luxe aux Citoyens prodigue ſes merveilles:
Ils appellent les Arts des bouts de l'Univers;
Les plus brillantes voix enchantent leurs oreilles;
Le Printems naît pour eux dans le ſein des Hivers,
Et la nuit diſparoît au milieu de leurs veilles.

Toujours changeant de goûts, & jamais ſatisfait,
Dans une gaieté fauſſe, on s'occupe de vivre:

Laſſé de tout, on quitte un plaiſir qui déplait,
Pour s'ennuyer encor du plaiſir qui va ſuivre.

L'Âme froide au bonheur eſt de feu pour les maux:
La plus légere peine & l'éveille & l'agite.
Une roſe pliée au lit d'un Sibarite,
Pendant toute une nuit le priva du repos.

Le poids de leur parure accable leur moleſſe;
Le mouvement d'un char les fait évanouir;
Leur cœur eſt ſi flétri qu'il ne peut plus jouir;
Et ſans ceſſe amuſés, ils ſe plaignent ſans ceſſe.

Dès que je ſçus penſer, je déteſtai ces lieux,
Car la vertu m'eſt chère, & j'honore les Dieux:
Je pars; j'arrive en Crête, & cette Iſle fatale
M'offre les monumens des fureurs de l'Amour:
J'y vois le labyrinthe inventé par Dédale,
Et le Taureau d'airain que ſon art mit au jour,
Et l'Autel d'Ariane, Amante infortunée,
Qui ſur un bord déſert, conduite, abandonnée,
Vainement d'un parjure attendoit le retour.

JE me hâtai de fuir ; mais battu par l'orage,
Mon vaiſſeau de Lesbos aborda le rivage :
J'y vis, avec effroi, les Sexes méconnus.

DE la tendre Sapho Lesbos eſt la Patrie :
Cette Fille immortelle, ainſi que ſon génie,
Brûloit d'un feu cruel en horreur à Vénus.

LOIN de cette Iſle impure, égaré ſur les ondes,
Je cherchois un ſéjour favoriſé des Dieux :
Délos fixa long-tems mes courſes vagabondes ;
Mais le Ciel m'annonça des deſtins plus heureux.
Dans un ſonge enchanteur, je vis une Immortelle
Moins belle que Vénus, mais brillante comme elle ;
Un charme irréſiſtible animoit tous ſes traits :
Ce que j'aimois en eux, je n'aurois pu le dire ;
J'y trouvois ce qui pique, & non ce qu'on admire ;
Ils étoient raviſſans, & n'étoient point parfaits.
En anneaux ondoyans, ſa blonde chevelure
Tomboit ſur ſon épaule, & flottoit au hazard ;
Mais cette négligence étoit une parure,
Mais elle avoit cet air que donne la Nature ;
Et dont n'approchent point tous les efforts de l'art.

Elle ſourit ... « Tu vois la ſeconde des Grâces,
» Dit-elle, avec un ton qui paſſoit juſqu'au cœur;
» Vénus t'appelle à Gnide, & fera ton bonheur ».
Elle fuit dans les airs; mes yeux ſuivent ſes traces;
Je me lève enflammé de plaiſir & d'eſpoir;
Comme une ombre légere, elle étoit diſparue,
Et le tranſport flatteur que me cauſoit ſa vue
Bientôt cède au regret de ne la plus revoir.

Je reſpirai l'Amour, en arrivant à Gnide:
Mais ce que je ſentois, je ne puis l'exprimer:
Mon cœur ſe pénétroit d'une flamme rapide;
Je n'aimois pas encor, & je brûlois d'aimer.
Incertain dans mes vœux, j'errois de belle en belle:
Cent objets à la fois paroiſſoient me charmer.....
Mais j'apperçus Thémire, & je ne vis plus qu'elle.

Fin du ſecond Chant.

Chant II

C. J. Desrais inv. Patas sc.

Elle fuit dans les Airs : Mes yeux suivent ses traces ...

LE TEMPLE DE GNIDE.

CHANT TROISIEME.

JE ceſſois de parler, pour ſonger à Thémire.
Ariſte en ſoupirant me conta ſes Amours:
Je vais les chanter ſur ma lyre.
Leur ſouvenir m'émeut toujours:
Le Dieu qui l'inſpiroit eſt le Dieu qui m'inſpire.

MA vie eſt peu fertile en grands événemens:
Tout en eſt ſimple; j'aime, & vous allez apprendre
Les ſentimens d'une âme tendre,
Et ſes plaiſirs & ſes tourmens.

Faut-il peindre celle que j'aime ? . . . .
Son image s'imprime au fond de tous les cœurs :
Elle a ces agrémens flatteurs ;
Cet air qui vous ravit plus que la beauté même.

Les Femmes dans leurs vœux demandent à l'Amour
Les grâces de Camille, objets de leur envie :
Les Hommes qui l'ont vue un jour
Voudroient la voir toute leur vie,
Ou s'en éloigner sans retour.

L'habit le plus modeste embellit mon Amante :
Elle a le maintien noble, une taille élégante,
Des traits faits l'un pour l'autre & qui charment les yeux,
Le regard plein de feu, mais tout prêt d'être tendre,
Une voix que sans trouble on ne sçauroit entendre,
Des appas qu'on admire & qu'on sent encor mieux.

Sans fierté, sans caprice ; oubliant qu'elle est belle,
Camille si l'on veut, pense profondément ;
Si l'on veut elle rit, & dans son enjouement,
Les Grâces badinent comme elle.

Tout ce que fait Camille a la simplicité

P. 29.

Chant III.

C. L. Desrais inv. — Delaunay sculp.

Ne tarde point, dit elle, à te rendre à mes larmes!...

De la plus naïve Bergere :
Ses chants peignent la volupté :
Danſe-t-elle ? on croit voir une Nymphe légere.

CAMILLE ſans effort ſe plie à tous les goûts :
Plus vous avez d'eſprit, plus ſon eſprit vous flatte ;
C'eſt une raiſon fine, adroite, délicate ;
Elle a l'air de parler, de penſer comme vous.
Ce qu'elle a dit, ſans peine on croit pouvoir le dire :
Que ſon ton eſt touchant ! que ſon langage eſt doux !
Il ſemble que toujours c'eſt le cœur qui l'inſpire.

CAMILLE en gémiſſant me preſſe dans ſes bras,
Quand il faut un ſeul jour m'éloigner de ſes charmes :
Ne tarde point, dit-elle, à te rendre à mes larmes !
Comme ſi j'exiſtois quand je ne la vois pas !

JE lui dis quelquefois : « j'aime la ſolitude,
» Et j'ai long-tems cherché le bruit ;
» L'ambition m'avoit ſéduit,
» Et te plaire eſt ma ſeule étude.
» Je déſirois d'errer dans un climat lointain ;
» Mon cœur n'eſt plus qu'aux lieux où le Ciel t'a placée :

» Tout ce qui n'eſt pas toi gliſſe de ma penſée,
» Comme les ſonges du matin ».

QUAND je la vois de loin, mon cœur brûle & s'enflamme;
Quand elle approche, il friſſonne ſoudain;
Quand elle arrive, il ſemble que mon ame
Eſt à Camille, & va fuir dans ſon ſein.

SI je vole à ſes pieds après un jour d'abſence,
Je lui fais le récit de tout ce que j'ai vu:
Elle me dit: « Cruel! de quoi me parles-tu?
» Parle de nos plaiſirs, ou garde le ſilence ».

M'A-T'ELLE entretenu de ſa tendre amitié?
Camille trouve encor quelque choſe à me dire:
Elle croit avoir oublié
Mille aveux dont ſur l'heure elle vient de m'inſtruire.
Ravi d'entendre ces diſcours,
Je feins tantôt de n'en rien croire,
Tantôt d'en perdre la mémoire,
Afin qu'elle en parle toujours.

« M'AIMES-TU, dit Camille? -Oui -mais comment? -je t'aime,
» Comme le premier jour où tu reçus ma foi.

» Je ne puis comparer l'amour que j'ai pour toi
» Qu'à l'amour que j'eus pour toi-même ».

CAMILLE une autre fois me dit avec douleur :
« Tu parois triste ! -hélas ! je suis sûr de ton cœur,
» Lui dis-je, & cependant je sens couler mes larmes :
» Ne me retire pas de ma douce langueur ;
» Laisse-moi soupirer ma peine & mon bonheur ;
» Pour les tendres Amans, la tristesse a des charmes ».

« LES transports de l'amour sont trop impétueux ;
» L'âme dans son ivresse est comme anéantie :
» Mais je jouis en paix de ma mélancolie :
» Eh ! qu'importe mes pleurs, puisque je suis heureux » ?

J'ENTENS louer Camille, & fier d'être aimé d'elle,
L'éloge que j'entens, me semble être le mien :
Quand un Berger l'écoute, elle parle si bien,
Que chaque mot lui prête une grâce nouvelle ;
Mais je voudrois qu'alors Camille ne dît rien.

A-T'ELLE pour quelqu'autre une amitié légere ?
Je voudrois en être l'objet :

Bientôt je me dis en ſecrèt
Que je ne ſerois plus celui qu'elle préfére.

Aux diſcours des Amans n'ajoûte point de foi !
Ils diront que dans la Nature
Il n'eſt rien d'auſſi beau, d'auſſi parfait que toi ;
Ils diront vrai, Camille, & comme eux je le jure :
Ils te diront encor qu'ils t'aiment.... je les croi !
Mais ſi quelqu'un diſoit qu'il t'aime autant que moi.....
J'atteſte ici les Dieux que c'eſt une impoſture.

Camille à mes deſirs refuſe une faveur,
Et ſur le champ m'accorde une faveur plus chère :
Ce caprice eſt involontaire :
Ce n'eſt point de ſa part un manége trompeur ;
Non ; l'art eſt trop loin de ſon âme :
Mais Camille écoutant l'amour & la pudeur,
Voudroit tout refuſer ; tout donner à ma flamme.

Camille ! ſi jamais j'oubliois nos Amours,
Si nos cœurs ceſſoient de s'entendre,
Si pour un autre objet je pouvois être tendre....
Que ce jour ſoit pour moi le dernier de mes jours !

Fin du troiſieme Chant.

LE TEMPLE DE GNIDE.

CHANT QUATRIEME.

TANDIS qu'entretenant nos douces rêveries,
Nous traverſons les bois, les vallons, les prairies,
Le hazard nous conduit vers des rochers affreux,
Redoutés des Mortels proſcrits même des Dieux.
Un nuage de feu qui roule ſur leurs têtes
Y promène en tout tems la foudre & les tempêtes;
A leurs pieds, eſt un antre inacceſſible au jour
Qui des Amans trahis ſemble être le ſéjour:
Une inviſible main dans ce lieu nous entraîne;
J'entre... ô Dieux! qui l'eut cru! je le touchois à peine...

Mes cheveux sur mon front se sont dressés d'horreur;
Une flamme inconnue a passé dans mon cœur:
Plus j'étois agité, plus je cherchois à l'être.
Ami, dis-je, avançons, dûssent nos maux s'accroître.
A travers cent détours, j'errois de toutes parts,
Guidé par des lueurs qui se perdoient dans l'ombre....
La pâle Jalousie a frappé mes regards:
Son aspect paroissoit moins terrible que sombre:
Les vapeurs, le chagrin, le silence, l'ennui,
Les songes malfaisans, & les soucis sans nombre,
Environnoient ce monstre & voloient devant lui.
Nous voulons fuir; il parle, & sa voix nous arrête.
Il nous souffle la crainte & les soupçons jaloux,
Met la main sur nos cœurs, nous frappe sur la tête,
Et soudain l'Univers est transformé pour nous.
Soudain enveloppé d'un voile de ténebres,
Je ne vois, je n'entens que des spectres funebres:
Je cours au fond de l'antre épouvanté, tremblant....
J'y trouve la Fureur, Déïté plus cruelle:
Sa main faisoit briller un glaive étincelant;
Je recule.... ô terreur! l'odieuse Immortelle
Me lance un des serpens dont son front est armé....
Il part, siffle, & m'atteint comme un dard enflammé.

l'Odieuse Immortelle
Me lance un des Serpens dont son front est armé...

Pareil au Voyageur que la foudre dévore,
Je demeure immobile, & ne ſens rien encore,
Et déja le ſerpent s'eſt gliſſé dans mon cœur.
Mais dès que ſon poiſon coulant de veine en veine,
De mon ſang plus actif eut allumé l'ardeur,
Tous les maux des Enfers n'égaloient point ma peine!..
J'allois d'un monſtre à l'autre; agité, furieux,
Cent fois je fis le tour de l'antre épouvantable,
Et je criois, Thémire! & ces murs ténébreux
Me répétoient Thémire! en écho lamentable.
Si Thémire eût paru, ma main, ma propre main,
Pour aſſouvir ma rage eût déchiré ſon ſein.

ENFIN je vois le jour, & ſa clarté me bleſſe:
L'antre que j'ai quitté m'inſpiroit moins d'effroi.
Je m'arrête.... je tombe, accablé de foibleſſe;
Et ce repos lui-même eſt un tourment pour moi!
Mon œil ſec & brûlé me refuſe des larmes,
Et pour me ſoulager je n'ai que des ſoupirs:
Du ſommeil un moment je goûte les plaiſirs....
O Dieux! il eſt lui-même environné d'alarmes.
Mille ſonges cruels m'agitent tour à tour;
Ils me peignent Thémire ingrate à mon amour

Je la vois... mais hélas! se peut-il que j'achève?
Les soupçons que mon cœur formoit pendant le jour
Je les trouve réels dans l'horreur de mon rêve.

Un accès de fureur vient s'emparer de moi:
J'appelle Ariste: « Ami, sui moi: courons, lui dis-je;
» Il faut exterminer ces troupeaux que je voi,
» Poursuivre ces Bergers de qui l'amour m'afflige....
» Mais non;... je vois un Temple; allons le renverser.... »
Je dis, & nous volons; pleins du même vertige:
L'Autour est sur l'Oiseau moins prompt à s'élancer....
Que peut contre les Dieux le vain courroux des Hommes?
A peine dans le Temple ai-je porté mes pas:
Un charme impérieux semble enchaîner mon bras,
Et je reste étonné du désordre où nous sommes.

Bacchus avoit calmé mon transport criminel;
Ce Temple étoit le sien: je fais un sacrifice,
Pour rendre grâce au Dieu qui nous étoit propice,
Et j'élève ma voix, tandis que sur l'Autel,
La Victime tremblante attend le coup mortel.

« Dieu puissant, ai-je dit, nos plaisirs sont ta gloire:

Chant IV. P. 37.

Enfin je vis Bacchus, gai riant, plein de charmes,...

» Par toi, la volupté brille dans tous les yeux :
» Par toi, de nos ſoucis nous perdons la mémoire :
» Tu n'aimes à régner que ſur les cœurs heureux ».

Mais j'entens tout-à-coup mille voix éclatantes
Au ſon des inſtrumens accorder leurs concerts :
Je ſors, & vois courir des troupes de Bacchantes
Qui, l'œil en feu, le front orné de pampres verds,
Laiſſant aux vents le ſoin de leurs treſſes flottantes,
Agitoient à grand bruit leurs Thirſes dans les airs.

Tout le joyeux cortége environnoit Silène :
La tête du Vieillard vacillante, incertaine,
Alloit chercher la terre, ou tomboit ſur ſon ſein :
Dès qu'on l'abandonnoit, penché vers ſa monture,
Son corps ſe balançoit par égale meſure,
Se baiſſoit, ſe dreſſoit, ſe rebaiſſoit ſoudain.

Enfin je vis Bacchus, gai, riant, plein de charmes,
Tel que l'Inde le vit au bout de l'Univers,
Quand il donnoit partout des plaiſirs & des fers :
De la belle Ariane il eſſuyoit les larmes.
« Aimez-moi, diſoit-il ; Théſée eſt loin de vous :

» Oubliez à jamais le nom de l'Infidèle ;
» Ne voyez que le Dieu qui brûle à vos genoux :
» Pour vous aimer toujours, je vous rens immortelle ».

Un délire divin pénétra dans nos cœurs :
Nous respirions les jeux, les danses, la folie ;
Et le Thirse à la main, le front couvert de fleurs,
Nous allâmes nous joindre à la bruyante Orgie.

Mais nos tourmens cruels n'étoient que suspendus ;
En quittant ce séjour, accablés, confondus,
Nous sentions des soupçons la dévorante flamme,
Et la sombre tristesse avoit saisi notre âme.
Je voulois voir Thémire, & craignois cet instant :
Je ne retrouvois pas cette ardeur cette ivresse,
Alors que sur le point de revoir sa Maitresse,
Le cœur s'ouvre d'avance au bonheur qu'il attend.

« Peut-être que Camille est auprès de Silvandre,
» Disoit Ariste ; ô Dieux ! si j'allois la surprendre !
» Sans doute avec plaisir la perfide l'entend ».

« Tircis, dis-je à mon tour, a brûlé pour Thémire :

» On dit qu'il eſt à Gnide, & j'en frémis d'effroi :
» Sans doute il l'aime encor ! il faudra me réduire
» A diſputer un cœur que j'ai cru tout à moi ».

SILVANDRE pour Camille avoit fait un air tendre....
Inſenſé ! j'aurois dû l'interrompre cent fois !
J'applaudiſſois hélas ! aux accens de ſa voix !
Il chantoit ma Camille, & j'aimois à l'entendre !

THÉMIRE devant moi ſe paroit un matin
D'un bouquet que Tirſis avoit cueilli pour elle :
C'eſt un don de Tirſis, me diſoit l'infidelle.....
Je devois, à ce mot, l'arracher de ſon ſein.

D'UN cœur infortuné n'aggrave point la chaîne ;
Camille ! épargne moi l'horreur de me venger !
L'Amour devient fureur quand on l'oſe outrager :
L'Amour qu'on déſeſpère a le fiel de la haîne.

HÂTONS-NOUS, & malheur à tout audacieux
Que je verrai parler à l'Ingrate que j'aime!
Quiconque ſur Thémire arrêtera les yeux,
Mon bras l'immole au Temple... aux pieds de Vénus même.

Enfin nous arrivons près de l'antre fameux
D'où ſortent les arrêts que l'Oracle prononce :
Tout le Peuple roulant à flots tumultueux,
Avec un bruit confus, attendoit ſa réponſe.

Je ſuis la foule ; Ariſte emporté loin de moi,
Ariſte étoit déja dans les bras de Camille :
J'appelle encore Thémire... enfin je l'apperçoi ;
Furieux, j'allois dire ; ah perfide eſt-ce toi ?....
Mais elle me regarde, & je deviens tranquille.

Ainsi quand la tempête a ſoulevé les mers,
Et qu'Éole eſt ſorti de ſes grottes profondes,
L'Aſtre du jour paroît ſur le Trône des Airs,
Et calme, à ſon aſpect, le fièr courroux des ondes.

« Cruel! me dit Thémire, en volant dans mes bras;
» Que ton éloignement m'a fait verſer de larmes!
» Le Soleil a trois fois parcouru ces climats
» Depuis que tu nourris mes mortelles alarmes ».

Je diſois : « non ; mes yeux ne le reverront pas :
» Quel noir preſſentiment! Dieux puiſſans que j'implore!

» Dieux

P. 41.

Chant IV.

On eût dit que Themire a toute la Nature
Donnoit en ce moment le Signal du bonheur !.....

» Dieux, tant de fois témoins de nos tendres amours,
» Je ne demande point ſi ſon cœur m'aime encore;
» Je ne veux que ſavoir le deſtin de ſes jours :
» S'il vit, puis-je doûter qu'il ne m'aime toujours ? »

« EXCUSE, m'écriai-je, excuſe mon délire !
» L'affreuſe jalouſie a troublé mes eſprits :
» Mais après le danger de perdre ma Thémire,
» De ma félicité je ſens mieux tout le prix.

» VIEN donc ſous ces berceaux où l'Amour nous appelle :
» Le Ciel a pu tromper, mais non changer mon cœur.....
» Viens ! c'eſt un crime affreux de te croire infidelle,
» Et je veux par ma flamme en expier l'horreur ».

ON eût dit que Thémire à toute la Nature
Donnoit en ce moment le ſignal du bonheur !
Le Zéphire à nos pieds careſſoit chaque fleur ;
L'eau baignoit ſon rivage avec un doux murmure :
es myrthes étendus comme un dais de verdure,
s'embraſſant ſur nous, exhaloient leur odeur.
Des Ramiers ſoupiroient ſous le même feuillage,
Et l'eſſain des Oiſeaux, dans ſon joyeux ramage,
Chantoit déja la gloire & le prix du Vainqueur.

JE vis l'Amour, pareil au Papillon folâtre,
Voler près de Thémire & ſur ſes beaux cheveux,
Baiſer ſon front naïf, & ſa bouche & ſes yeux,
Deſcendre, & s'arrêter ſur ſa gorge d'albâtre.
Ma main veut le ſaiſir; j'avance... il prend l'eſſor.
Je le ſuis; je le trouve aux pieds de mon Amante;
Il fuit vers ſes genoux, & je l'y trouve encor.
Je le ſuivois toujours, ſi Thémire tremblante,
Thémire toute en pleurs n'avoit ſçu m'arrêter;
J'allois atteindre enfin ſa retraite charmante:
Elle eſt d'un ſi grand prix qu'il ne peut la quitter!

C'EST ainſi que réſiſte une tendre Fauvette
Qu'auprès de ſes petits l'amour ſemble enchaîner:
Sous la main qui s'approche, immobile & muette,
Rien ne peut la contraindre à les abandonner.

THÉMIRE entend ma plainte, & devient plus ſévère.
Elle voit ma douleur, & ne s'attendrit pas.
Je ceſſai de prier, & je fus téméraire:
Thémire s'indigna; je craignis ſa colere:
Je tremblai, je pleurai..... bientôt nouveaux combats;
Nouveau courroux.... enfin je tombai dans ſes bras,

Et mon dernier ſoupir s'exhalait ſur ſa bouche;
Mais, en me repouſſant, Thémire moins farouche,
Met la main ſur mon cœur.... & j'échappe au trépas.

"POUR me déſeſpérer, que t'ai-je fait, dit elle?
» D'une indiſcrète ardeur modère le tranſport :
» Va ! je ſuis, moins que toi, dure, injuſte & cruelle.
» Je n'eus jamais deſſein de te cauſer la mort,
» Et tu veux m'entraîner dans la nuit éternelle !
» Ouvre ces yeux mourans, au nom de nos amours,
» Ou tu verras les miens ſe fermer pour toujours ».

JUSQU'AU dernier moment Thémire inexorable,
A force de vertu, rappelle ma raiſon :
Elle m'embraſſe, hélas ! & j'obtiens mon pardon,
Mais ſans aucun eſpoir de devenir coupable.

Fin du Poëme.

Fautes à corriger dans le Poëme.

PAGE *6*, *vers* 8, le flot qui ſuit (*liſez*) le flot qui fuit.

P. 16, *v.* 21, & dans ſon inconſtance (*liſez*) & dans ton inconſtance.

P. 23, *v.* 4, qu'ils ne paroiſſoient point (*liſez*) qu'ils ne paroiſſent point.

P. 30, *v.* 3, quand je la vois de loin mon cœur brûle & s'enflamme (*liſez*) quand je la vois, mon cœur s'enflamme.

l'Amour Vengé.

Desrais del. De Monchy Sculp.

Eh bien? Enchainons le Volage?

L'AMOUR VENGÉ.

IMITATION DE MONTESQUIEU.

L'AMOUR

VENGÉ.

UN jour, voulant cueillir des fleurs,
Je m'égarois avec Silvie
Dans les boccages d'Idalie,
Quand j'apperçus le Dieu des cœurs.

Il repoſoit ſous la fougere,
Caché par l'ombre des roſiers
Dont mille Zéphirs printaniers
Agitoient la tige légere.

Il avoit éloigné ſa cour :
De ſon deſtin j'étois le maître,
Et plus hardi, j'aurois, peut-être,
Volé les armes de l'Amour.

Silvie avec une main ſûre,
Saiſit l'arc du plus grand des Dieux,
Et d'un trait, qu'elle ſuit des yeux,
Me fait au cœur une bleſſure.

Puis, ramaſſant de nouveaux traits,
Elle alloit percer l'Amour même.....
» Ah Silvie ! arrête... il nous aime !
» Je n'y conſentirai jamais. —

» Eh bien ? enchaînons le volage. —
» S'il s'éveille, craignons ſes coups. —
» S'il s'éveille, que riſquons-nous,
» Que d'être bleſſés davantage ?

SILVIE a changé de deſſein :
» Jettons-lui, tandis qu'il repoſe,
» Des feuilles de Mirthe & de Roſe :
» Les jeux le chercheront en vain : ...

» MAIS il vaut mieux couper ſes aîles,
» Et l'empêcher d'être léger :
» Dès qu'il ne pourra voltiger,
» Adieu les Amans infidèles !

ELLE dit ; s'approche ſans bruit,
Coupe à l'enfant de Cythérée
Le bout de ſon aîle dorée,
Jette ſes ciſeaux, & s'enfuit.

L'AMOUR s'éveille ; il prend ſes armes ;
Il voit.... O mortelles douleurs !
Il voit ſes plumes ſur les fleurs,
Et ſe met à verſer des larmes.

Jupiter touché de ſes cris,
Fait deſcendre un léger nuage
Qui l'emporte loin du boccage;
Et le poſe au ſein de Cypris.

Vénus ſourit : » elles vont croître;
» Mon fils, appaiſe ton chagrin;
» Preſſe-toi bien contre mon ſein;
» La chaleur les fera renaître :

» Embrasse-moi ! ne vois-tu pas,
» Comme elles ſe hâtent d'éclore ?
» Voilà leur ſommet qui ſe dore...
» Demeure un moment dans mes bras.....

» Vole à préſent ! vole, dit-elle.
Le Dieu hazarde ſon eſſor,
Revient, part & revient encor
Sur le beau ſein de l'immortelle.

L'Amour, afin de ſe venger
De la malice de Silvie,
La fait changer toute ſa vie
Et d'Amourette & de Berger.

Elle m'aima, cette Inconſtante;
Elle aima Daphnis après moi;
Aujourd'hui Silvandre a ſa foi;
Demain elle aimera Timante.

Amour! ce ſe ſont-là de tes coups!
C'eſt moi que tu prens pour victime:
Je veux bien expier ſon crime;
Mais n'as-tu pas des maux plus doux?

FIN.

www.ingramcontent.com/pod-product-compliance
Ingram Content Group UK Ltd.
Pitfield, Milton Keynes, MK11 3LW, UK
UKHW020350180726
13839UKWH00003B/1006

9 782329 583976